QUERER VIVIR

Joan Encalada
2024

QUERER VIVIR
Primera edición. Febrero 2024
ISBN: 9798323302093
Diseño-portada: Marcela Flores
Maquetación: Marcela Flores

Reserva todos los derechos. No se permite reproducir, almacenar en sistemas de recuperación de la información, ni transmitir alguna parte de esta publicación, cualquiera que sea el medio empleado- electrónico, mecánico, fotocopia, grabación, etc.-, sin el permiso previo de los titulares de los derechos de propiedad intelectual.
© 2024 Joan Encalada

"La memoria del corazón elimina los malos recuerdos y magnifica los buenos, y gracias a ese artificio, logramos sobrellevar el pasado"

-Gabriel García Márquez.

DEDICATORIA

A MI AMIGO

Querido amigo, espero que te encuentres bien. Me disculpo por la distancia que se ha presentado entre nosotros, pues aún no sé cómo hallar el boleto para tu reencuentro. Me ha costado localizar alguien dispuesto a colaborar para que esta carta llegue a tus manos. Espero que puedas leer el último recado que cito a tu nombre.

Ha pasado mucho tiempo desde que no te veo y sin duda me haces mucha falta. Sin embargo, quiero decirte que aún conservo los botines y abrigos con los que ibas al cole, tal vez ya no con su color, pero sí con el desgaste que les has brindado corriendo, jugando y aprendiendo. Por desgracia, no he podido conservar algunos juguetes, pues creo que no tendrían la magia que tú les otorgabas; pero sí una fotografía junto a ellos, en donde se aprecia tu felicidad tan característica. Aún conservo la camiseta con la que jugabas en la cancha de tierra y muchas más, e incluso, aquellos botines despedazados, porque siento la magia que tenías cada vez que los toco.

Aun no entiendo el motivo de tu partida. Debo contarte que las cosas han tomado otras directrices, ha ocurrido un cambio tan sustancial que me ha hecho mucho daño. Ya no disfruto de las cosas de la vida como lo hacía antes. La vida se ha vuelto tan ordinaria y la felicidad escasea tanto que ni siquiera tiene un punto de venta. El sol ya no me contenta, tan solo me pone nostálgico, pues antes solía divertirme más con su compañía; ahora solo lo admiro esperando a que se esconda. Los amigos de antaño se han alejado y ya no podemos jugar pelota con ellos en el recreo. Han llegado otros a ocupar aquellos asientos del tren, como fugaz compañía para eliminar lo banal de la vida, pero tanto tú como yo sabemos que da igual, porque al final todos se desvanecerán cuando el trayecto termine.

Las canciones ya no me erizan, no me motivan, simplemente me guían a seguir escuchándolas hasta el final. Pero aún sigo escuchando la canción del mundial, a la que dedicamos todos los partidos que jugaríamos de grandes. Mis labios permanecen mucho tiempo juntos, tanto así que están resecos, pues desde que no estás presente, mis dientes ya no tienen razón para reflejar alguna sonrisa. La gente me ha hecho mucho daño y aún no he tenido las oportunidades para experimentar lo que siempre hemos anhelado.

Sigo siendo una persona ordinaria, aquellas metas que trazamos en su tiempo en el cuaderno se han disuelto entre los vientos. También me he ilusionado; enamorado y sentí electrizantes reacciones en mi piel al encontrarme en ese estado. Fue algo que nunca había sentido, pero luego el fuego se consumió y terminé naufragando en la poesía.

Papá y mamá ya no bailan los viernes, pues la alegría se ha consumido por la frustración y preocupación de la vida cotidiana. No sé cómo papá sigue sonriendo, su fortaleza y actitud siguen intactas. Mamá sigue preparando aquellas exquisitas comidas que nos ofrecía al llegar a casa, el sabor queda intacto.

Y yo, mi querido amigo, me encuentro muy frustrado. Todo es muy oscuro desde que ya no estás, el crecer me hizo entender cosas que me generan inconformidad. Los sueños siguen intactos, sigo haciendo el esfuerzo para que Dios me conceda jugar en el estadio, al menos hemos pisado uno.

Tengo mucho más por contarte, desearía poder abrazarte y nunca soltarte. Eres el único apto para escuchar mis recuerdos. Parece que este ha sido nuestro trayecto, pero descuida, aún falta mucho por recorrer. No obstante, han suscitado muchos puntos de inflexión que han hecho el camino muy riguroso. No temas, pues habrá momentos mágicos que nos impulsarán a vernos y seguir viviendo, pero al ser tan efímeros, nos causarán estas sensaciones.

Mantén el barco a flote, a pesar de que la marea nos inestabilice. Te quiero mucho más de lo que pueda abarcar la miseria de este mundo. Tal vez en otra vida estaremos viviendo el sueño, pues este lugar creo que no nos compete. No nos pertenece.

CONTENIDO

EL COMIENZO

CORAZÓN

Instante Tierno
Creo que te amo
Cuando mires el cielo
Seguiré
Amor genuino
Tinte Derramado
Eres chispa
Algo bonito
Atardecer difuso
Extrañas
Desvelo
¿Quién es ella?
Amor ambiguo
Algo más
Puñal y manos
Amor ajeno
Dolor 11-3

MENTE

Grandeza
El dilema de vivir
Insuficiencia

Lucha de vida
Sinónimo de vida
¿Sencillez?
En la ignorancia de mi vida
Siempre extrañamos
La mecánica
Paz alterada
Casi depresivo
Comprendes
¿Aplastados o irritados?
Nos precipitamos
¡Qué fuertes somos!
¿Anaranjado u oscuro?
¿Quién aguanta?
Dañarse
¿Felicidad?
Café frío

ALMA

Irónica vida
Emotiva niñez
Escúchame
Una lágrima y tres puntos
Querer Vivir
Mi vida en rima
Resurge
Disgusto
La noche
Esto es vida
Tragamos
La condena
Contacto 0

Desdicha
Se acabó
Placeres
Cuatro paredes
¿Marinero o náufrago?
Después de ti…
No sé amar
Girasoles rojos
Corazón de juguete

ILUSIÓN

Ventana mañanera
Ansioso futuro
Sendero destino
Te recordé
La sombra de tu espalda
Sueño 343
El árbol
Camino a la noche
La luna y el sol
Kilometraje
Cometa de verano
Carta de vida
Muerto en vida
El fin de una era
El analfabeto y la poesía
Un respiro
El ángel diurno
Sueño 27-1
Sueño 28-1

Si leen esto…

EL COMIENZO

Un día un viejo amigo me dijo: "Para que tu vida no tenga complicación y esta tenga un orden: empieza una historia, desarróllala a placer, pero siempre termínala. Siempre".

¡Hola! Después de ver "El Comienzo" de este libro, seguro te estarás diciendo: qué frase más trivial y cliché como para empezar una historia. Tienes razón, pero al ser tan sencilla tiene lógica, ¿verdad?, entonces, ¿por qué no la valoramos tal y como es?, sin juzgarla, sin menospreciarla, aprender o reaprender de ella ¡Qué tarea difícil!

Generamos una reacción repulsiva a lo sencillo, porque creemos que la esencia de la vida se encuentra en lo complejo, es por eso que nuestras vidas se complican, partiendo de allí se genera una odisea. El comienzo para muchos podrá ser aterrador y también emocionante, esto debido a la incertidumbre que se presenta, a las expectativas que se gestan y a las historias que se plasman en el transcurso del camino.

Mi nombre es Joan, y como puedes apreciar, no soy un personaje conocido ni mucho menos un escritor calificado. Es más, no sé cómo llegaste aquí, pero te agradezco por querer leer algo tan sencillo de una persona tan sencilla que, con sus 19 años, podrá ser insignificante y parcialmente ignorante para tu maravillosa vida. Tal vez no nos conocemos, quizás nunca nos conoceremos; sin embargo, agradezco tu presencia en el otro lado de las páginas.

Mediante fragmentos, frases e incluso poemas breves y concretos sacados únicamente de mi extraño ser, iremos entablando un diálogo bastante peculiar. Tal vez estés pensando: ¿cómo has podido recopilar estos pensamientos?, te comento es una de las mayores incógnitas que cargo hoy en día.

El día de hoy quiero convertirme en tu amigo, aprender de ti, que aprendas de mí o que al menos logres escucharme en el silencio que guardan las letras, pues necesito ser escuchado y expresar esta forma de sentir la vida que me está consumiendo con el pasar de los años.

CORAZÓN

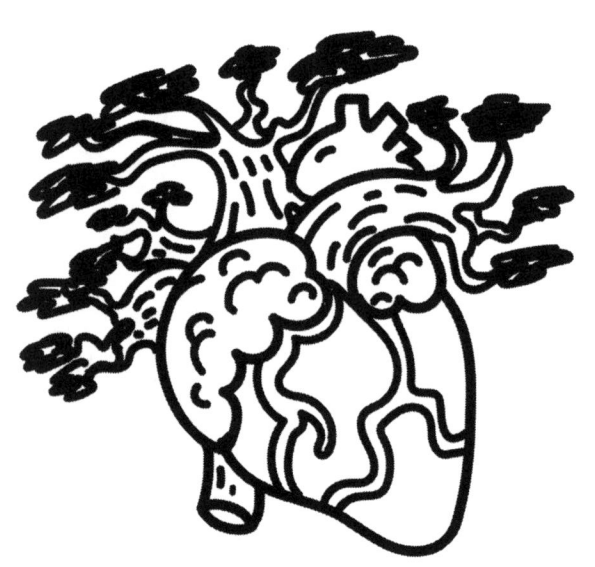

INSTANTE TIERNO

Últimamente me he sentido un poco raro,
muchos dirán que es solo una sensación extraña,
muchos lo catalogarán como una nube momentánea,
yo lo defino como un sentimiento ajeno y extraño.

Un par de sensaciones extrañas,
emociones que no me nacen, emociones ajenas,
sensaciones similares a un suplicio eterno,
o simplemente mi cuerpo rogando por un poco de aliento.

Tal vez sea mi mente recopilando ciertos recuerdos
que se encuentran en profundidades que yo no frecuento,
trayendo consigo un rotundo e incierto cuento,
que por una extraña razón lo plasmo en mi cuaderno.

Tal vez sea una señal de aquel sol
que brilla incandescentemente
en la esquina de la ventana aquella,
siendo el causante para redactar un par de letras,
sin poder encontrar el motivo por el cual se generan.

Tal vez el escrito se encuentre mal redactado,
quizás la historia no ha terminado.
A pesar de todo,
tengo la certeza de presenciar un mundo alterno,
que al desvanecerse se convirtió
en un instante tierno.

CREO QUE TE AMO

Creo que te amo,
pero no lo suficiente para expresarlo,
así que mis sentimientos se reducen a un "te quiero",
y aun así siento ansiedad por este deseo,
pues me siento incapaz e insuficiente de poder quererte
bajo las directrices que te mereces.

Creo que te amo,
pero aún no sé amar,
porque todavía no sé cómo explicar,
el fervor deseo de necesitarte.

No sé si te amo,
no sé si te quiero,
no sé si extraño,
no sé si te deseo;
pero estás presente,
en la magnificencia del cielo,
en el color del firmamento,
como sinónimo de ternura y como timón de mi alegría.

Creo que te amo,
creo que te quiero,
¿es agradecimiento?,
quizás un desvelo.

Entre tanto, mi añoro contigo,
se ha convertido en una razón para seguir creyendo,
para seguir sonriendo,
para seguir viviendo…

CUANDO MIRES EL CIELO

Cuando mires el cielo me sentirás,
cuando el viento te abrace me recordarás,
cuando el atardecer deslumbre me amarás,
y cuando caiga la noche me olvidarás.

Cuando me escuches sonreirás,
cuando la canción nos deje de erizar,
me marcharé y desconsolada llorarás,
en aquel momento te arrepentirás.

Así que cuando mire el cielo,
espero hallar aquel consuelo,
porque al final de este cuento,
seré yo quien termine sufriendo.

SEGUIRÉ

Extraño nuestras conversaciones,
te siento distante,
tal vez sea yo el causante de este silencio
que se interpone cada vez que nos vemos,
pues aún no sé cómo amarte sin que sea en secreto.

Y a pesar de este dilema,
te seguiré queriendo,
lo sabes…

AMOR GENUINO

El amor es un sutil lazo que une a dos personas con el objetivo exclusivo de llegar a tocar aquel punto del alma donde nadie sería capaz de llegar.

Siempre nos preguntamos si el amor es destinado: si el amor es de verdad, el tiempo hará el resto para intentar juntarlos.

A veces creemos que algunos amores no están destinados a estar juntos; sin embargo, son pocos los que recuerdan que existen amores que tienden a verse de vez en cuando.

TINTE DERRAMADO

Quizás nuestra historia ha terminado,
no es más que un capítulo cerrado,
llegó el momento donde la tinta se ha derramado,
al parecer nuestra estrella quedó en el pasado
y nuestra flor se ha marchitado.

Ahora solo te has convertido en recuerdos
que habitan en lo más profundo de mis deseos,
y que, por una extraña razón,
siguen naufragando dentro de mis pensamientos.

ERES CHISPA

Chispa incandescente,
anhelo en carne,
mi sueño y placer,
mi liana fuerte,
que sostiene y rejuvenece.

Brisa de mar,
¡Colmas a este tripulante!
Un marinero naufragando
por un amor que hiere.
Un dolor cicatrizado
por la llama que viertes.

Chispa solitaria que brilla
y en mi pecho te adhieres.
Chispa de fuego,
pasión ferviente en mis huesos;
acreedora de mis cuántos deseos,
los cuales se resumen en un par de besos.

Eres chispa,
el sol de mis días
¡Cómo brillas!
Y esa insignificante chispa,
es la que me enamora:
    del cielo,
       del sol,
          de la luna,
              y de la vida

ALGO BONITO

Qué lindo es quererte en silencio,
qué lindo es ansiar algo bonito contigo,
qué lindo es este momento,
pero tanto tú como yo
sabemos que se consumirá en el fuego.

Así que dime algo bonito,
antes que el sol desvanezca y la luna envejezca,
antes que las estrellas se apaguen,
y la magia se marche.

Y si yo debo ser el primero en decirte algo bonito,
te diría que te amo en todo lo que abarca el universo,
y a pesar de la inmensidad de mi anhelo,
siempre habrá insuficiencia en lo que yo proveo.

¡Dime algo bonito!
¡Necesito razones para estar vivo!
¡Te quiero una vida!
¡Te quiero al lado mío!

Pero si no es tu decisión pactar el idilio,
apagaré las luces,
secaré la tinta,
y cada cual para su camino.

ATARDECER DIFUSO

No me dolió que te fueras,
me dolió tu falta de honestidad conmigo.
No fui yo, fue la reciprocidad que me permitiste,
y esa reciprocidad,
cambio mi felicidad por frustración.

EXTRAÑAS

Me extrañas, pero lo atenúas de tus deseos porque sabes que tan sólidos son los pensamientos que te arrojan mi recuerdo.

Me extrañas y lo niegas, sintiendo la más grande pena por la escasez de frases que te recitaba durante las tardes.

Me extrañas, pero exclamas: ¡eso es pasado! Cómo se te ocurre decirlo si aún memorizas cada momento a mi lado para intentar abolir un dolor que sigue presente.

Me extrañas, o tal vez no, ¡pero me tuviste! Quizás no como aquel príncipe acreedor de tu amor, pero sí para acelerar el ritmo de tu corazón.

Y sin eso, ¿crees que hay amor?, ¿me podrías dar tu opinión?

Pero te va mejor siendo orgullo caprichoso, arrepentido y desdichado al acecho de alguna oportunidad para acurrucarte una vez más en mi pulmón.

¡Sí que me extrañas y te consumes!

Consúmete en el humo que emiten tus labios al pronunciar mi nombre.

DESVELO

Vuelve a mi querida,
vuelve y apiádate,
seduce mis labios y ámame una vez más,
¿no ves cuanto llanto y desesperación me causa la noche?
¡Cuánta miseria y vacío por hallar tu nombre en vez de esperanza!
¡Cuánta mierda sin regocijo engendro por tu partida!

Venerarte fue un arte,
pero tu ausencia lo hizo una droga martirizante.
Dulce agonía, tragedia de vida,
me lacera saber que no serás mía.
Me consume no encontrar consuelo ni dicha.
Me desgarra aceptar que tus besos y caricias
estarán impregnadas en otros cuerpos
y no en quien fue un día:

"el amor de tu vida".

¿QUIÉN ES ELLA?

La fiel descripción del porqué mi alma aún vive,
sueña, admira y adora.

El timón para que mi corazón siga latiendo,
la razón para sonreír y seguir creyendo;
para que las rosas florezcan, para que el sol irradie,
para que la fuerza persista y para que la lucha mantenga su bandera.

Constituye éxtasis de magia y de inspiración.
Denota pureza, ternura y también furor.

Es la serotonina de mi alegría,
la encarnación de mis pasiones,
el brillo de las estrellas
y la órbita de mi mundo.

¿Quién es ella?:
ilusión presta a dejar una huella imborrable
y la definición más acertada de lo que hoy conozco
acerca de la vida.

AMOR AMBIGUO

Nos amamos tanto que se nos olvidó realmente amar, entonces entendí que: por más persistencia y entrega, no se puede recibir calor de aquellos corazones despojados de amor y pasión.

El corazón latía y sonreía, pero, tú ambigüedad egoísta, lo puso en agonía…

ALGO MÁS

Contigo quiero algo más,
abolir esta inconformidad,
quiero ser cómplice de la brisa,
que nos acompañe al andar.

Contigo quiero algo más,
algo que se me haga eterno,
disipar lamentos y llantos,
creyendo alcanzar el sueño.

Contigo quiero gritar,
correr, saltar, brincar,
al abismo del placer,
que solo tú me puedes brindar.

¡Quiero algo más!

Porque mientras el corazón bombea,
no habrá quien puede controlar
mi maldita sed de escapar.

Y por ello y un millón más,
quiero algo más, quiero tu mirar,
quiero tu risa, quiero tu libertad
para hallar mi libertad y juntos suspirar.

Quiero sentirte y plasmarte,
en las siete bellas artes y una más,
para así tener algo por el cual recordarte,
y de mi mente no te vayas jamás.

Seguiré planificando la trama de este cuento,
en quimeras insaciables de anhelos,
así que, para empezar esta historia de verano,
comienza estrechando mi mano…

PUÑAL Y MANOS

Desencadenas sentimientos
con vaguedad y traición,
propiciando cariños,
sin intención, sin sabor.

Cuelgas un puñal
al acecho de mis ojos,
y yo como idiota,
ingenuo en corazones rotos.

¿Qué me dices de tus palabras?:
falsas e inescrupulosas,
que se adhieren en barniz tóxico,
como el día en que te conocí.

¿Qué me dices de tu sonrisa insensata?:
banal y extraña.
¿O de tus pupilas dilatadas?:
que denotan artimañas de furor,
odio, apatía y traición.

¿Y qué opinas sobre mí?,
pobre alma pisoteada y marginada,
por tus malditos deseos y falta de humanismo.
Pero más culpable yo,
por venerarte en atardeceres
y recibir puñales cuando anochece.

Tú eres de todo, menos cariño.
Tú eres de todo, deseo mezquino.
Tú eres de todo, amor mío.
Tú no eres nada, eres un corazón maldito.

AMOR AJENO

Un día quise salir de los límites miserables que la vida y mi mente interpusieron en mi camino. Ese día adopté rebeldía en mis lágrimas para atenuar un conformismo que me conducía como marioneta. Interiorice un grito de repulsión tanto así que mi esencia aparentaba ser ajena. Y qué bendecido fui, que bendecido fue.

Que misericordioso resultó ser el sol a pesar de que nos fastidia, y que cómplice hipócrita resultó la noche porque en ella están mis excelencias y fracasos. Al parecer todos se alinearon y encontraron cosas en común, tanto así que entre sus esencias fraguaron un ángel que, sin querer, salvó mi camino.

Que lindo es saber qué la magnificencia de las estrellas se prestó a resguardarme, a cuidarme, a entregarme aquello que necesitaba, aquello que pedía, aquello que mi mente lloraba y aquello que mi corazón imploraba.
Qué bendecido fue morder el regazo ajeno de aquello que no esperaba.

Qué bendecido fue encontrar un refugio de papel en medio de la tormenta.

Qué bendecido fui.

Qué bendecido fue.

Amor ajeno. Amor en préstamo. Amor tortuoso. Sabor exótico.

DOLOR II-3

¿Dónde estás amor?,
me estoy olvidando de tu voz,
de tus caricias, de tu olor,
de tus besos y su sabor.

¿Dónde estás, luz de luna?,
llegas tarde a la cita,
tan tarde que olvido de a poco tu sonrisa
y tu cálida compañía.

¿Dónde estás cariño?
¿Qué haces? ¡No te veo!
Me olvido de tus planes, de tus sueños,
de tus gustos y gestos risueños.

Amor, me estoy enfermando
¿Dónde estás?
De tantas cartas, abrazos y risas,
solo me queda la noche helada de tu partida,
de tu renuncia al amor que gestamos:
la complicidad de dos extraños.

MENTE

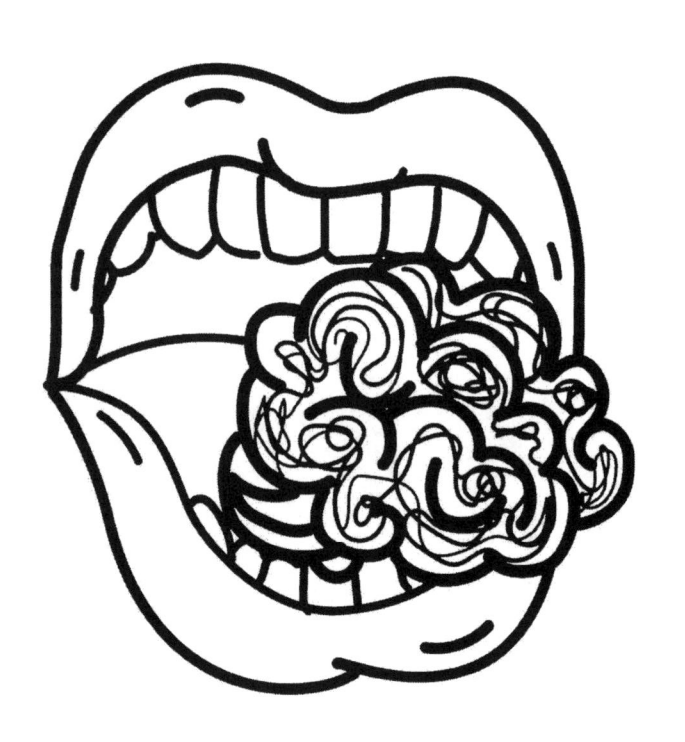

GRANDEZA

La grandeza de las personas se mide en cómo valoran las cosas por muy insignificantes que parezcan.

Una de las cosas que el hombre ignora por completo es la grandeza del actuar, pues aún no comprendemos que nuestras acciones son las que verdaderamente nos atribuyen distintos dones, valores y bendiciones.

La grandeza se le concede al que vela por el buen actuar.

EL DILEMA DE VIVIR

A veces solo quiero vivir para compartir

¿Con quién puedo compartir?
¿Acaso no sé compartir?
¿Cómo saber cuándo es el momento indicado para abolir mis restricciones hacia otras personas?
¿Es tan difícil compartir?
¿O tenemos miedo a ser traicionados por generosidad?
¿Por qué debemos compartir?

Queremos compartir para sentirnos reconfortados, pero ni siquiera sabemos convivir.

Aún no hemos aprendido muchas cosas, pero, la restricción que interponemos al compartir, solo afirma que aún no hemos podido vivir…

INSUFICIENCIA

Nuestra mente abarca un sin número de pensamientos que las palabras no son suficientes para expresarlos.

No somos lo suficientemente aptos para controlar las emociones que nuestra mente genera, pero sí lo suficientemente aptos para sentirla y, a su vez, lo insuficientemente aptos para entenderla.

No hacemos la diferencia porque sentimos insuficiencia, es por ello que sentimos como nuestra alma se ahoga en miedo y llanto al sentirse vulnerable ante sí mismo y en presencia de los demás.

LUCHA DE VIDA

Qué vida, ¿no? Andamos cohibidos ante el error que podría ocasionar el fin de nuestros sueños y de nuestros anhelos.

Vivimos, pero no sentimos.
        Actuamos, pero no comprendemos.
                Destruimos y no construimos.

Tal vez nuestra lucha de vida se resume en tratar de encontrar aquella estabilidad que aspiramos y más no a cumplir lo que deseamos, porque no existe la capacidad ni la oportunidad de hallar lo excepcional en nuestras vidas. A veces no encontramos la oportunidad de resurgir ni tampoco la atracción suficiente para seguir.

Así que cuando te encuentres "solo" y ahogado en la extenuante problemática de la vida, recuerda que esta lucha la emprendemos todos, quizás en direcciones distintas, pero sí con el mismo desbalance.

SINÓNIMO DE VIDA

Es increíble cómo la música hace que recordemos momentos específicos que a veces nuestro cerebro no es capaz de almacenarlos.

La música nos conecta con algunos sentimientos y un par recuerdos. Nos permite recabar momentos efímeros para erizar nuevamente la piel, rejuvenecer nuestra aura e inmortalizar nuestras anécdotas por medio de melodías que nuestro corazón atesora.

Las canciones nos inspiran, nos invitan a soñar, nos permiten gozar, nos hacen reír y también llorar; pero aún más, nos hace resurgir de forma reiterativa, pues nos da razones para resistir y seguir.

Es por eso que la música existe: la música y su existencia, como sinónimo de vida.

¿SENCILLEZ?

¿Qué es la sencillez?, un término desconocido por muchos y conocido para algunos, pero a su vez, no comprendido; tal vez sí comprendido, pero no aplicado, o quizás sí aplicado, pero de forma complicada.

Nuestro pensamiento vive en constante evolución, por ende, nuestras emociones cambian, a esto lo podemos llamar "proceso de comprensión y adaptación de vida", porque todo surge por una causa, en cada acción estará presente una consecuencia y a cada circunstancia habrá una adaptación momentánea, ¿repetitivo, cierto?

Con el pasar de los años he comprendido que la esencia de todo se encuentra en aquello que ignoramos. Es en aquello que desapercibimos donde se da origen a todo lo que hoy conocemos, a esto lo llamamos sencillez. Creemos que la solución correcta para resolver el misterio de nuestras vidas se encuentra en lo complejo, en aquello que va más allá de nuestras capacidades e incluso de nuestro entendimiento. Puede tener mucha razón, ya que por lo general nuestras vidas, nuestros sueños y nuestra felicidad son complicados. Viven constantemente opacados por la penumbra de este mundo.

Al emplear fundamentos cubiertos de dificultades estamos generando alteraciones en nuestra vida y lo vemos reflejado en aquellas personas poseedoras de mentes brillantes que, por desgracia, no han logrado resolver muchos enigmas.

Nos hacen creer que la vida es para aquellas personas que albergan intelectos brillantes, cuando la vida en sí está destinada para aquellos que entienden los principios de la misma. La vida no es selectiva; sin embargo, la vida posee sus directrices y también aquellos que la distorsionan. Tampoco te digo que con un pensamiento primitivo lograrás resolver los enigmas de la vida, pero ni con el mayor intelecto del mundo lograrás respuesta a aquello que va más allá de nuestro entendimiento.

¡Qué ironía!

EN LA IGNORANCIA DE MI VIDA

Podría afirmarte que mi vida es complicada, pero, al declararlo, haría una fiel descripción a la vida de todos.

Al parecer certificamos que nuestras vidas son complicadas por las circunstancias y problemas que se nos presentan constantemente; pero más allá de ello, creo que mi vida es complicada porque no he podido: entender, comprender, interpretar, ni mucho menos expresar lo que me acontece.

En el mar de esta inconformidad, ya ni sé cómo reaccionar o actuar. Puedes ratificar mi locura, pero ni juzgando la comprenderás.

Mis mayores frustraciones se deben a la ignorancia que tengo hacia la vida, por ello garantizo que somos personas ilusas y vulnerables que tienden a conmoverse, atraparse y a estremecerse en el dolor.

Hemos generado una forma de vida distinta a nuestra existencia para que nuestra mente olvide que el enigma de la vida se fundamenta en un sencillo mecanismo, donde el sol y la luna intercalan posiciones, donde los días albergan nuestras innumerables acciones, y donde el tiempo nos crea frustrantes limitaciones.

SIEMPRE EXTRAÑAMOS

Siempre extrañamos. El extrañar se ha convertido en la fiel descripción de tristeza y angustia en las personas.
Extrañar modifica el bombeo del corazón y lo redirige al recuerdo nostálgico que nos hace caer en la melancolía.

¿Por qué extrañamos? Extrañamos todo: el aroma del ayer, la brisa de los árboles, el sol brillante, las noches mágicas, la gente, los lugares, la radio y sus canciones, la magia de los días, los mensajes, las sonrisas e incluso las tristezas añejas, ya que se reinventaron de forma más contundente y menos reconfortante.

Extrañamos por el hecho de tener un pasado inmortalizado de recuerdos y de emociones, y al sentir el efecto del cambio, inferimos que extrañamos. Sin importar si nuestro pasado contiene felicidad o sucesos desgarradores, extrañamos porque nos vimos afectados por el cambio controversial de la vida. Comparamos y certificamos que nuestro pasado es mucho más sobresaliente que el presente latente.

Qué triste es saber que existe un desgaste no renovable. Qué triste es extrañar y conducirnos hacia el espejismo de lo que fueron nuestros días. Qué triste es saber que el boleto está pronto a expirar.

¡Qué triste es vivir así!

LA MECÁNICA

Lo que nos acontece a diario,
más que por deseo,
son por circunstancias preestablecidas,
no instantáneas,
que van más allá del tiempo,
más allá de nuestro entendimiento.

Todo conduce hacia algo,
pero, mientras perdure la penumbra,
seguiremos ofuscados y en llanto.

PAZ ALTERADA

El cielo es muy bonito como para ser admirado,
es por ello que decidimos llevar una vida cabizbaja.

Ante la decisión,
sentimos una maldita inconformidad que nos altera y no nos deja en paz,
así que por un instante optamos por alzar la mirada para encontrar alegría,
y ante el despiste de la avenida,
terminamos cayendo en el barranco de la poesía.

Buscamos rosas y encontramos espinas.
Paz alterada, existencia sombría.

CASI DEPRESIVO

El autor de la noche escribe historias como un poeta depresivo. Estas historias eran insípidas hasta que se asociaron con las canciones, gestando así, un panorama alentador; pero fue devastador hasta volverse trágico, ya que la rima y la melodía discutían de forma recíproca hasta colmar el día. Las letras y los versos seguían, pero no hubo puente para enlazar la sinfonía, como velero sin ancla y sin puerto, como despedida en tren sin el memorable beso detrás del sombrero.

Y así como el libro cien mil lenguas de un submarino, el autor se encuentra varado entre miles de detonantes, haciendo de cien mil un número insignificante; pero lo suficiente como para estallar en llanto y hacer de la noche en la más horripilante. Mientras tanto, el autor vive "casi depresivo" ¡Huyendo! ¡Sobreviviendo! Tratando de gozar la línea efímera de existencia y conciencia que le propiciaban las estrellas.

Casi depresivo, jadeando y gateando, mientras la música sonaba en la plaza con su perfume de noche mágica acompañado de luces y de un par de velas. Pues no importa cuán trágico se encuentre la persona más infeliz de la noche, el tren sigue viajando, dejando y cargando sus vagones. Las manecillas siguen girando hasta llevar la vida al precipicio del fin. La gente sigue marchando y, en caso de una eventual desconsolación, estos corren para evitar zambullirse en el barranco de la depresión.

Las tardes siguen emitiendo fragancias de colores y las mañanas siguen otorgando la esperanza que mueve corazones. No obstante, el pensamiento sigue siendo el mismo: inexacto, incomprensible e insensato.

Así que el autor seguirá casi depresivo, casi, porque al llegar a la totalidad del sufrimiento, no terminaría de escribir su relato.

COMPRENDES

A veces la inspiración llega a la una de la mañana, lástima que a esa hora me encuentro en pijama y en la cama.

Existen prioridades, pero, entiendes que, en los distintos trayectos y acciones de la vida, siempre habrá otro sendero, tal vez no asfaltado y con apariencia rocosa, pero que al ser tomado teletransporta a otro destino.

Entiendes que hay miradas perdidas por desenfocar y enfocar la mirada hacia otro lugar.

Conexiones entre personas que aún buscan una cinta adhesiva para poderse unir.

Existen palabras tragadas, digeridas y esfumadas por las restricciones de la boca que sabe mil, pero se cohíbe en un "hola".

Y también, unas cuantas ideas que se desperdician en cabezas negligentes y equivocadas.

Comprendes este caso que presenta el mundo, comprendes, pero es muy tarde.

¿APLASTADOS O IRRITADOS?

¿De qué me sirve la luz?: si vivo en penumbra.
¿De qué me sirve el odio?: si solo me enferma.
¿De qué me sirve tener viento?: si me empuja al barranco como papel.
¿De qué me sirve el oxígeno?: si resulta cianuro para mi piel.
¿De qué me sirve la brisa?: si me impacienta.
¿De qué me sirve el sol?: si mi alma está en una cueva.
¿De qué me sirve soñar?: si paso en desvelo.
¿De qué me sirve creer?: si solo me rindo.
¿De qué me sirve amar?: si me odio.
¿De qué me sirve reír?: si la vida me quitó los dientes.
¿De qué me sirve respirar?: si mi corazón bombea afuera.
¿De qué me sirve el corazón?: si nadie lo protege ante la maldad.
¿De qué? ¿De qué?
¿Aplastados o irritados?
¿Qué mierda nos pasa?
¡Qué cruel pensamiento!
Qué aplastados nos sentimos por saber que murió el ayer y no pudo convertir un sueño para mañana.
¡Qué irritados estamos!, por seguir conformes viendo lo que pasa detrás de una ventana sin asumir nada.

NOS PRECIPITAMOS

Y sí, nos precipitamos en todo, porque: "no queda más". La reglamentaria de la vida ahora se basa en tirarse al barranco del miedo y esperar terminar ilesos. Nos precipitamos y seguimos arriesgando sabiendo que puede resultar mal. Podemos fracasar, pero tenemos más terror a no lanzarnos, porque no sabemos si será nuestro último intento para conseguir los sueños que tanto hemos anhelado.

¡QUÉ FUERTES SOMOS!

¡Qué fuertes somos!,
así que quiérete un poco más,
sí, por todo lo que has resistido,
por todo lo que ha acontecido y por la cara que presentas
a las caídas.
¡Quiérete!,
porque a pesar de que el viento te empuja a la orilla,
te avientas a nadar en contra corriente.
¡Quiérete!,
por seguir viviendo, por seguir respirando,
por seguir luchando y por seguir creyendo.
¡Quiérete!,
porque no es fácil seguir a un solo pie y con el corazón
desgarrado,
pero empieza a quererte,
porque nadie más lo va a hacer,
ni ella tampoco.

¿ANARANJADO U OSCURO?

Dulces sonidos de atardeceres
reivindican suspiros y lloriqueos,
me llevan a olas de mar desconocido,
pero tan propio de mis latidos.

Clamores de noche fundida en lamentos,
llantos, penas y esfuerzos vanos,
consuelas a tripulantes partidos
como velero sin puerto,
como un deseo sin aliento

¿QUIÉN AGUANTA?

¿Quién nos aguanta, quién nos respalda?

¿Quién es aquel dispuesto a jalarnos y rescatarnos del abismo de la desesperación?

¿Quién aguanta nuestras lágrimas, nuestra culpa y nuestra sed de renovación?

Sentimos un Dios arriba que nos equilibra, pero a veces solo necesitamos un abrazo, porque intuimos que el servicio de Dios está muy ocupado para tranquilizar el berrinche de un niño quien se puso a indagar dilemas existenciales a raíz de que se le cayera su helado...

DAÑARSE

Disfrutamos el daño mientras nuestra alma se regocija en anhelos, lo más triste de todo es el estado inmóvil que adoptamos ante el desastre, el déficit de algo que ni siquiera sabemos, nos mata poco a poco; pero más que ello nos deja varados, sin motivación y sin rumbo.

Buscamos sueños
con el corazón roto,
vivimos naufragando,
desdichados y derrotados.

Somos seres que se aferran,
seres que estancan el proceso por miedo,
por fanatismo o tal vez por una grieta
que no ha cicatrizado.

A veces no amamos,
solo nos aferramos,
sentimos pánico
de perder lo único que tenemos.

Y este es el daño que despilfarramos a un corazón
que solo busca un nuevo anhelo,
un nuevo sueño,
una nueva promesa,
un nuevo abrazo.

¿FELICIDAD?

Necesitamos de mucho para tener poco y con sabor infeliz, porque la felicidad sigue y seguirá siendo un déjà vu de atardeceres pactados en portarretratos diurnos, emitiendo lágrimas densas semejantes a la tinta por la desdicha que genera su ausencia.

Entiendes que la felicidad no es más que un dolor en la vena y que por su simplicidad se desea. A pesar de ello no llega y nos condena.

CAFÉ FRÍO

Un pasado osado,
aferrado y arraigado
acribillo a tu amado,
manchó los pétalos
y lo arrebató de tus manos.

Un alma por otra
y asunto cerrado,
serotonina por egoísmo,
un amor inventado.

Café frío, café olvidado,
idilio molido, sueño perdido
y, trágicamente,
otro noble destruido.

ALMA

IRÓNICA VIDA

Una de las mayores ironías de mi vida
es recordar el dolor del pasado con mucha alegría.

No se refiere al masoquismo,
sino a ese trayecto riguroso el cual emprendí y que,
a pesar de tanto, sigo atravesando.

Tal vez sin predisposición o voluntad,
más bien por cuestiones de inercia.

Tal vez sin una sonrisa porque mis alegrías las dedico a mis perspectivas,
más no a los miserables acontecimientos de mi vida.

Tal vez con la cabeza agachada,
pero solamente para evitar apreciar
el devastador panorama que me acecha cada día.

EMOTIVA NIÑEZ

No lloro por amores, no lloro por mis problemas, no lloro porque no tengo lo que quiero ni tampoco por lo que deseo. Simplemente lloro por aquellos recuerdos que invadieron mi mente de forma efímera de aquel niño que se divertía con golosinas y un par de legos.

Un niño propenso a llenarse de ilusión y que vivía con la predisposición de hacer su vida en intrigante y divertida. Aquel niño que sonreía al saber que su imaginación era su mejor acompañante, y todo lo que hacía lo convertía en arte.

Lloro por aquel niño que se perdió en el camino repentinamente. Lloró por aquella felicidad que con el tiempo se ha ido opacando y ha ido evolucionando con otras directrices.

Mi tristeza abunda al saber que la misma naturaleza del crecer ha sido el causante del deterioro, dejándolo varado sin combustible y sin razón en la estación del pasado, viéndose obligado a redirigir su rumbo.

Un niño que vivía feliz, o por lo menos daba argumentos para poder vivir y resurgir. Un niño el cual desconozco el motivo de su alegría, pero que lo recuerdo por su gran sonrisa.

-Auto dedicatoria (2018).

ESCÚCHAME

Escúchame mientras me lees,
siénteme mientras te susurro lentamente,
escucha el sonido de mis letras,
escucha mis problemas,
y encontrarás la paz deseada,
mientras el mundo nos cronometra.

Escúchame para poder tranquilizar mis heridas,
escúchame para poder hallar alguna salida,
escúchame mientras te siento en la fiel mirada que rindes a la tinta,
escúchame para cubrirte de lágrimas
deslizándose por tu suave mejilla.

No te quiero agobiar,
no te quiero alterar,
solo que a veces necesitamos ser escuchados,
para desahogar el nudo interno que cargamos.

UNA LÁGRIMA
Y TRES PUNTOS

Cielo reconfortante oscuro y traicionero,
me haces redactar nuevos versos creyendo que son eternos.
Azulejo primoroso que cautiva mis ojos,
reconfortas mis antojos que se acercan a lo esplendoroso.

Mi vida se resume en nostálgicos recuerdos:
canciones felices con un significado en desacuerdo.
Paisaje soleado, atardecer deslumbrante,
me dejas caer en un pasado triste e irritante

Mi corazón se aflige al aroma del ayer,
expectativas y anhelos están propensos a perder,
circunstancias repentinas y temidas opacan mi fe,
termino encontrando placeres en una taza de café.

Condenado a muerte en una vida que opaca mi pasado,
una carrera a contrarreloj que me tiene atareado,
y sigo creyendo estar plácidamente reconfortado,
cuando los miedos de antaño, me tienen traumado.

La vida no se entiende, la vida se siente,
aspiro encontrar a alguien que afirme que me comprende,
almacenar esta forma de ver al mundo duele,
al parecer no soy el indicado para ser quien la exprese.

Seguimos creyendo en una vida plácidamente alegre,
afirmo dicho enunciado como algo totalmente inerte;
porque cada día es tan inestable como una liana,
creando dependencia al motivarnos por el mañana

Y no me importa si los estribillos están redactados en sus hilos,
hoy simplemente brindo por mis desconocidos y trágicos idilios,
expreso mis emociones como sombríos afligidos,
¿por qué sufro tanto por aquello, oh padre mío?

Llagas en cansancio extremo por el llanto generado.
Lágrimas de tinta: ¿un dolor cicatrizado o idealizado?
Penurias, un masoquismo inventado.
Un suspiro, tres puntos y un sentimiento angustiado.

QUERER VIVIR

El tiempo corre, los años pasan,
los anhelos se mantienen, las oportunidades escasean,
las circunstancias me afligen, los recuerdos me conmueven,
la motivación se pierde y la fe desaparece.

La tristeza resurge, las frustraciones me ahogan,
mi sonrisa cae, mis ojos añoran,
mi ego se esconde, mi cabeza implora,
mis manos se cierran y la melancolía se acopla.

Dolor sincero o masoquismo inventado,
gracias por desgarrar mi aura cuando me sentía extrañado e incluso olvidado,
por redactar versos ajenos, efímeros y sinceros,
por reemplazar mi felicidad que,
de cierto modo, marchó por otro camino.

Por arremeter mis sueños en tiempos perdidos,
eres la causa para no encontrar paz conmigo mismo.
Quisiera tener la habilidad de obsequiar mis sueños al viento,
para que acompañados de la brisa logren ir más lejos
dejando atrás mis fallidos intentos.

Mi vida se resume en luchar contra las emociones
que cada día me causan miles de extorsiones.
No vivo orgulloso de lo que he conseguido,
porque lamento el tiempo empleado en aquello con destino perdido.

Quiero saber cómo vivir sin fingir,
emancipar mi alma de este ambiente tan hostil.
Cansado de cohibir mi existir impidiéndome seguir
en aquello que sigo negando creyendo que no lo perdí.

Y es por eso que me encuentro infeliz,
porque viví viendo morir una parte de mí.

MI VIDA EN RIMA

Esencia disipada en el cielo,
talento degollado con el viento,
arte derramado por el suelo,
magia consumida por el fuego.

Sonrisa opacada en el aire,
esplendor cohibido ante millares,
felicidad marchitada, fuerza debilitada,
esperanza desilusionada y guerra derrotada.

RESURGE

Resurge el cosquilleo del corazón,
latidos estremecedores que retumban mi alma,
aquella lágrima que extraña y que desea,
como quien se desespera, pero no se encuentra.

DISGUSTO

No me gusta el atardecer y sus tonos
ni mucho menos sus colores;
tampoco los paisajes resplandecientes,
pues me considero insensato para ser quien los contemple.

No me gusta las canciones alegres
pues no sé cómo disfrutarlas;
pero al menos sí escucharlas,
se han convertido en acompañantes incondicionales
cuando junto con mi mochila recorremos las calles.

Tampoco me atrae la lluvia,
pues me impide descubrir mi mundo,
un mundo que considero perdido y sin propósito divagando;
pero a la vez me agrada tener razones
para no confrontar alteraciones,
porque salir con propósitos termina en preocupaciones.

Ante la deriva de los sueños
nuestros corazones siguen latiendo,
a veces por naturaleza,
o simplemente con el propósito de dar reiterados motivos,
extraviados y no entendidos,
para alcanzar la paz anhelada que,
por alguna razón, se nos está negando.

Y aquí estoy disfrutando y casi llorando
en uno de los atardeceres más lindos del año,
con recuerdos de antaño y a la vez amargos,
porque la paz aún no es intangible en el mundo de los cielos.

¡Estoy vivo e imploro!,
en el mundo de la carne y en el mundo del polvo.

LA NOCHE

Querida, te quiero, porque demuestras que, hasta la chispa más terca de esta vida, se regocija ante la presencia de tu brillante esfera blanca sabor marfil llamada luna llena.

Luna bella, por hacer de la vida más simple, más ordinaria, no tan convulsionada al resumir los hechos y desechos con el oscuro pigmento que poseen tus ojos, un brillo que se expande y nos vigila en la órbita de quien todo lo contempla.

Gracias por hacernos entender que el silencio que profanas es el más apto para consolar el alma, a comparación del ruido ensordecedor del día que tan solo deja las manos heridas, afectadas y al alma aturdida.

Y si fueses eterna, no sé si te quisiera aún más o tal vez me llegarías a fastidiar, pero gracias por abolir lo que acontece en el brillo para calmarlo en el silencio y oscuro de tu piel.

ESTO ES VIDA

Regresar del colegio un viernes.
Despertar a las 6 a.m. y ver un rayo de sol colmando la ventana.
Chocolate caliente después de la lluvia.
Llegar exhausto del ejercicio.
Los interminables baños de agua caliente.
Caminar con audífonos.
Las canciones con recuerdos de toda una vida.
Llorar en días soleados.
La cobija en los días fríos.
La comida de mamá.
Las caminatas nocturnas.
Las nuevas amistades.
Los atardeceres anaranjados.
Ver a mamá viva.
El consejo y abrazo de papá.
El helado de veinticinco centavos.
Las noches de películas.
Las tardes con amigos.
Las siestas.
La tarea cumplida.

Cantar solo, reír solo.
El viento soplando en el coche.
El aroma de la lluvia.
Gritar hasta quedar afónico.
Jugar hasta que los tobillos duelan y las risas acaben.
Regresar feliz a casa.
El sentimiento de existir…
Esto es vida, pero el tiempo nos lo arrebata en cada segundo,
y sin estas cosas ¿qué valor tendría la vida?

TRAGAMOS

Tragamos y no digerimos. Reservamos, pero ¿para quién? De qué sirve reservar tanto si cada palabra o sentimiento se estremece a un solo punto y aborrece el resto ¿Por qué encadenamos el sufrimiento y más bien no lo escupimos? Lo peor de todo es ese vacío que sentimos, sin saber si se trata de una alegría melancólica, una tristeza trágica, o un enojo con sabor a venganza.

Guardamos tanto en el baúl del "después" y es matador cuando entiendes que, ese "después", era ayer…

LA CONDENA

Sus latidos impregnados en mi pecho
¿Qué pecado estoy pagando?
Qué martirio es ver la tinta zambullirse en embriago de
dolor.
Agónico y suspirando por un débil resucitado.
Un corazón dolido por falta de cariño.

Jamás pensé que tus ojos fuesen una tortura,
no por vil, sino por su lejanía.

Y ahora tendré que conformarme con recuerdos sabor a
poco,
asimilar que tu cuerpo estará en caricias de un casquivano
de amor presuntuoso carente de anhelo,
sentimentalismo y excitación.

Tú incompetencia tira sobras, mi fragilidad las adora.
Tú existencia estorbosa hizo de las rimas en arpías dolidas,
pero las más asertivas y merecedoras a tu poca valía.

Qué difícil se me hace, querida mía.
Qué triste ha sido tu renuncia.
Qué lamentable decirte esto.
Con dolor en llamas, es lo que eres.

¿La condena?,
nunca me cansaré
y sin remedio te amaré.
Tendré que ceder y sin amor propio
¡te quiero ver!,
pero para escupirte una vez más,
lo que me hiciste perder.

CONTACTO 0

Es así como de las rosas únicamente quedaron espinas,
los recuerdos en melancolías degollantes,
las cartas en irremediables cenizas,
y el amor, en un dolor inconsolable.

Es así como los besos terminaron en desdén,
los abrazos en repulsiones,
el sentimiento en frustración insaciable,
y tú, en un dolor arduo a vencer.

DESDICHA

Noble es quien sintió y lloró por ti;
no quien te miente ofreciéndote dulzura y falso placer.

Noble quien supo apaciguar tus lamentos y fraguar amor,
no quien busca poseerte como alma a su merced.

Noble quien te amo una vez,
quien perdió su orgullo y a pesar de tu inmadurez, no se dejó vencer;
no quien con su "hombría" te victimizaba y te reducía.

Noble él, corazón frágil, vulnerable y débil.
¡No más!, nobleza carente.

¡Estupideces fervientes!,
nobleza inexistente, amor sabor a muerte.

SE ACABÓ

¡Cuánto nos cuesta decir esto!
Ni siquiera la consideramos como una palabra próxima a utilizar.

Es increíble sentir la decadencia de todo y negarlo
¡Porque estamos dolidos!
Esto de "mirar hacia adelante"
te consume, te mata.
Negamos adaptarnos a lo nuevo
porque el alma envejece y al final solo implora estar en el amanecer de ayer.

Y como dijo una vez Charles Darwin:
"sobrevive quien se adapta",
acá seguimos viviendo,
mal adaptados,
con el alma incómoda
y parcialmente rota.

PLACERES

Como chocolate derretido
anhelamos el placer,
porque la vida nos mal acostumbró
a buscar lo que no podemos ver.

Empeñamos mucho esfuerzo
en la búsqueda del manjar
que nos despierte en las mañanas
y endulce nuestras tardes al pasar.

Y durante esa ardua búsqueda,
entiendes que no hay mejor placer,
que regresar feliz a casa,
con dolores sabor a miel.

CUATRO PAREDES

Nunca pongas tu cuerpo en las cuatro paredes de la habitación,
pues estarías aprisionando tu ser.
Tampoco pongas tu alma en cautiverio de los demás,
porque tu alma es el rugido que debe ser escuchado.
Jamás cubras tus ojos con retazos de dolor,
al final siempre reclaman la necesidad del sol y del color.
Mucho menos aprisiones a tu corazón,
porque el aura es libre y podrá sentir traición.

Recuerda que tu felicidad
a veces será el reflejo de donde estés,
y el primer paso a seguir,
es dejar de aferrarse a las malditas cuatro paredes.

¿MARINERO O NÁUFRAGO?

Un marinero no puede quedarse en medio del mar a pesar de haber perdido la referencia o el puerto de llegada, ya que en cualquier instante puede ser acechado por tormentas y fenómenos que atenten contra su paz, contra su dignidad y contra su corazón.

Así que, cuando te sientas como un marinero perdido, solitario y ansioso, no te quedes, no te estanques, navega al horizonte donde el velero de tu corazón se incline, porque el mar es tan grande y fascinante como para quedarse esperando el llamado que nunca llegará.

Y no te culpo, no es fácil perdonar a quien prometió orientarte, pero al final te abandonó.

El mar podrá ser tu hogar, pero por más majestuoso que este sea el temor siempre estará presente por el miedo de llegar a un lugar no deseado. Pero ¿qué peor destino puedes hallar que el lugar donde aquella persona te ha colocado?, porque al final aquella persona o razón que te hizo perderte dentro de tu propio entorno y dentro de ti mismo, no abogará por ti, se marchará.

Así que no soportes el residuo o carga de corazones miserables y crueles. Y si quieres encontrar otro puerto con los ojos llorosos, adelante, lloraré contigo, pero tenemos que movernos, porque eres un marinero, el marinero de tu barco; no un náufrago a causa de la miseria de otra persona.

Te aseguro que por cada lagrima que derrames te concederé el mejor de los días ¡Esto es así! No sé quién controle todo esto, pero sé que ese alguien nos aprecia y nos quiere. Ese alguien nos ayuda a poner todo en orden. Ese alguien sabe que el puerto a llegar es mejor que el deseado.

DESPUÉS DE TI...

Después de ti,
queda mucho y a la vez nada,
porque fuiste el atardecer clamado
mientras la vida me hacía perderme cabizbajo.

Después de ti, terminaré abrazando la almohada,
para abrigar a tu corazón que solo llora
por el calor de tu pecho y el olor de tu cuello.

Después de ti,
tendré que mirar el cielo con espinas en el cuello,
tratando de encontrar tu sonrisa,
tus sueños, tus anhelos y a ti.

Después de ti, no habrá vida, no habrá amor,
solo llanto, dolor y desconsolación.

Después de ti, todo.
Después de ti, nada.
Después de ti, opto por morir.
Después de ti, debo sobrevivir.

No te has ido y ya te extraño,
no te has ido y ya me muero,
porque después de ti,
ya no habrá vida para mí.

NO SÉ AMAR

Adentrarse en el alma
fue el error más terco, no por apasionado,
sino por no saber cómo salir.
Y ahora solo recuento los mil y un momentos de cómo nos enamoramos.
La historia de dos apasionados.

Quiero mitigar este recuerdo, no por rencor,
si fuese por mí, querida,
te dejaría en mi alma la eternidad;
pero vine para quererte,
más no para sentirme maldito e infeliz por tu ausencia.

Quiero dejar de desearte en días soleados
y consumir mis depresiones en atardeceres.

Llévate un pedacito de mí, por favor,
porque es el recuerdo de nuestros besos,
mucho más importante que las rosas,
poemas y cartas,
pues ahí encontrarás a mis ojos ansiosos de más caricias,
risas y sonrisas tuyas.

¡Llévatelo!,
porque a mí solo me produce úlceras de insuficiencia y arrepentimiento.
¡Llévatelo!,
porque para mí fue el sueño predilecto,
en un mundo de corazones muertos.

GIRASOLES ROJOS

Existen almas que son el camino más no el destino,
tristemente me tocó ser el amigo,
un amigo al que convertiste en amante y falso hombre
que ni siquiera resultó ser el camino,
sino un juguete despreciable a causa de tu despotismo.

Me negaste.
Me remplazaste.
Me degollaste.

El pétalo viajó tan lejos hasta perderse en la nieve.
Nunca imagine ver al amor como sinónimo de muerte.

¿Desde cuándo amar se convirtió en pecado?
¿Desde cuándo los girasoles son rojos?
¿Desde cuándo las cartas empezaron a sangrar?
¿Desde cuándo vivo sin ser amado?

Se dio lo que más temía…

CORAZÓN DE JUGUETE

Me dijiste:
"quédate y sé mi último amor",
y ahora estoy armando mi equipaje
resignado al verte en brazos
de tu verdadero amado.

No fui tu caballero,
no fui tu anhelo,
tan solo un simple destello
el cual recogiste como siervo.

No me fallaste,
tampoco me valoraste,
pero cuan imposible eliminar la frase:
"ámame, hasta que la vida se nos acabe".

Aquí estoy querida,
en vida extrañándote,
deseándote,
y, sin culpa,
aún amándote.

ILUSIÓN

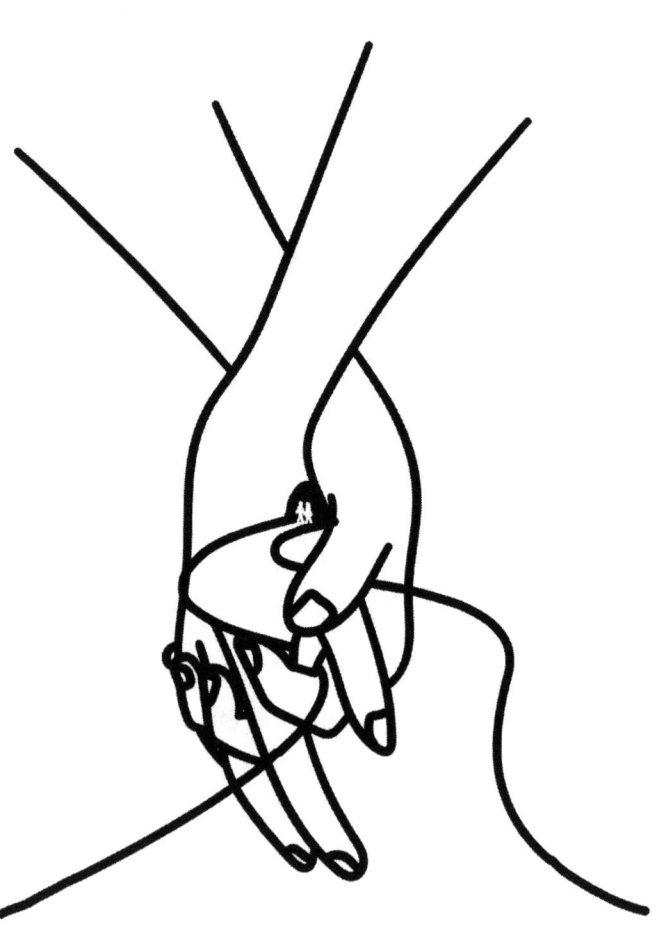

VENTANA MAÑANERA

Situado en el sofá ante la vigilia de una ventana,
redacto estribillos como en cada mañana,
acompañado por letras y ordinarias rimas,
ando reconstruyendo algo llamado "vida".

Mientras que el sol lentamente va resplandeciendo,
intento condensar ideas en un relato,
terminaré contando la historia del cual estoy huyendo,
para que mis recuerdos queden sepultados en época de invierno.

Así que nuevamente desempolvo aquel sentimiento
que reconstruye cada uno de mis pobres y frágiles pensamientos,
aquellos estribillos toman las riendas de mi humilde memoria,
y dan a conocer el detonante para que terminara esta bonita historia.

Resignado, sigo enamorado de tu esencia
y recordando cada sensación que me recuerda tu presencia,
mientras que mi cuerpo te sigue rogando por un poco de clemencia,
cometo reincidencia a una de tus tantas advertencias.

Me resguarda parcialmente un cielo nublado,
por lo tanto, mis escritos quedarán como un par de camuflados,
probablemente mis ideas me están causando mucho daño,
o simplemente no encuentro la forma correcta de poder expresarlo.

ANSIOSO FUTURO

Muchos dicen: "uno es el dueño de su propio futuro", por desgracia, esto ya no es debatible, pues se encuentra establecido al igual que todos los acontecimientos y circunstancias que se presentarán a lo largo del cuento. Todo lo que vemos, hacemos y sentimos está definido desde nuestro nacimiento, pero ¿te has puesto pensar que ocurriría si ejecutamos una acción fuera de lo ordinal?, un pensamiento, un movimiento, para ver si cambia el sentido del destino, una pequeña peripecia que desvíe el hilo de la película.

¡Lo siento!, no podemos imaginar trazar algo impredecible y hacer diferencia si ni siquiera conocemos el guion completo. No nos esforcemos por tratar de cambiar el rumbo de lo destinado, tan solo queda emocionarnos por saber con qué nos sorprenderá la vida en la siguiente página.

Aspiro al futuro,
aquel llamado del viento,
aquellos anhelos guardados,
que cada día me están consumiendo.
Aspiro al futuro,
porque tal vez mis sueños serán exhortados,
para ser protagonistas de la historia que voy trazando,
y que poco a poco se irán concretando.

SENDERO
DESTINO

Encontrarte fue como un sendero:
un trayecto con destino incierto.
Contemplando un discreto amor secreto
me dio a elegir el camino correcto.

Mis ojos se tornan diferente
cuando tú estás presente.
Tu rostro es mi referente,
en este trayecto que nos conduce hacia la muerte.

Agradecido porque esta noche eres acompañante,
de este hombre frágil con frases insignificantes.
Mientras admiras la luz resplandeciente de cada minúscula estrella,
admiro tu rostro y comprendo la envidia de aquella luna llena.

La velada nocturna acecha con un repentino frío,
de palabras a gritos para rogar tu continuidad al lado mío.
Solo pensar en la penumbra de tu inexistencia me genera escalofrío,
tu despedida causó llanto en un mundo tan sombrío.

Eres y serás la razón de mis alegrías,
pensamientos, inspiraciones, ideas y quizás, mi razón de vida.
Al parecer mis palabras se encuentran en estado de agonía,
ya que sufren descontroladamente por tu trágica y misteriosa partida.

La luz es mi guía y tu nombre mi compañía,
agradecido por conocerte en esta noche, amada mía.
Mi relato sencillo compuesto por emotivos estribillos,
son refugio de idilios y también de mis tantos delirios.

Fragancias rociadas en el aire se esconden,
y en el vientre de mis frases se encuentra tu nombre.
La vida me presentó este sendero,
y al encontrarte en el trayecto,
entendí que tú eras mi destino.

TE RECORDÉ

Aquel día robaste mis ojos, distorsionaste mi corazón, me hiciste idolatrarte en aquel radiante atardecer, y a pesar de la escasez de palabras intercambiadas, no fueron impedimento para poder encender, creer y ver la hermosa chispa que me obsequia tu presencia.

Aquel día, desde el sol que irradia hasta la luna que reconforta, pude compartir y sentir lo que algún día pedí. En tu presencia te dedico mi alegría, y en tu partida te concederé mis días.

Aquel día te soñé y te plasmé, en aquella radiante esencia que posees, capaz de manipularme y de robar mis pensamientos, dejándome perplejo y vulnerable ante el incandescente brillo de la estrella que posee tu esencia.

Eres la razón de aquella chispa que, por desgracia, fue consumida por el engaño del recuerdo.

Aquel día soñé y por aquel motivo hoy te recordé, y te recordaré, hasta que te vuelva a ver y me concedas la velada que ansío tener contigo, siendo resguardados por la vigilia de la luna y de las estrellas, antes de ver nuestra chispa desvanecer en el próximo amanecer.

LA SOMBRA DE TU ESPALDA

Soy la sombra de tu espalda,
el que recibe los residuos de tus palabras,
el que recolecta los mensajes del pasado,
en donde aparentemente me dijiste "te amo".

Soy la sombra que resguarda lo oscuro
y al que se le niega contemplar tus ojos,
aquella sombra que decora tus fracasos,
para abolir tus llantos.

Soy la sombra que resguarda tu alma,
sombra que tus ojos me ignoran,
pero el cual tus restos me añoran,
y la razón por la que tu corazón implora.

Pero seguiré siendo sombra,
sombra que desconoce el alba de tu rostro,
sombra presta a brindar amor cauteloso,
sombra enamorada, sombra frustrada.

El amor de la sombra se consumiría
dejando consigo una imborrable marca,
sus ilusiones y pasiones se marcharían
al implorar un amor que no se merecía.

SUEÑO 343

El marinero en la singularidad del mar,
sin saber a dónde ir o cómo navegar.
Él era un marinero en busca de un puerto,
pero ni clamando podía redirigir el velero.

El marinero del sueño 343,
era el más popular, el más aclamado del puerto;
hasta que un día emprendió el viaje sin acompañante
perdiéndose a merced del viento y el aire.

El marinero se encontraba naufragando en la soledad del mar
sin alma humana con quien jugar cartas o charlar.
Situado en la angustia sofocante del oscurantismo del mundo,
pide clemencia por encontrar salida o algún rumbo.

El marinero emprendió uno de los viajes jamás contados.
El marinero falleció contemplando lo que había logrado.
Su legado y relato no expresado,
haría de su recuerdo en algo difuso y olvidado.

El marinero redactaría la historia más fascinante
haciendo de su relato en algo deslumbrante,
con escritos evolucionados a poesía,
y el mar como su fiel compañía.

Se revelaría que el marinero,
no era más que un niño disfrazado como tripulante,
y aquel majestuoso barco 343,
no era más que un simple velero de papel.

EL ÁRBOL

Sus raíces se tendieron
y sus tallos se extendieron,
estos más no avanzaron,
se quedaron en su puesto.
¿Estará de pie o estará sentado?
¿Necesitará algún paseo?
Quizás no tiene zapatos
¿Tendrá algún propósito?
¿Estará enamorado?
Al final sus deseos se estancan en troncos,
los cuáles serán talados en otoño…

CAMINO A LA NOCHE

17h00
No sé si comienzas o terminas, pero tu sentido y propósito es el mismo: recordar, reiniciar y al final nunca aportar. A pesar de ello, eres una buena compañía para reír mientras veo mi mundo llorar.

18h00
Eres majestuosa como obra de renacimiento, porque rejuveneces en hierba seca y no expresas tu significado, pero presentas y reflejas un contraste neutro entre el día y la noche.

19h00
Sufrimos, pero no lo sabemos, porque este mundo nos enseñó a terminar creyendo en lo que vemos, más no en lo que sentimos.

LA LUNA Y EL SOL

¿Te has preguntado la majestuosidad del cielo con sus estrellas?, tal vez no, pero llegas a entender que ese "cielo" no es nada sin una de ellas. Puedes alzar tu mirada y apreciar la luna como luz y esperanza de quien se desvela, y al sol como ojos de quien se despierta. Empiezas a creer que la existencia de cada estrella es el reflejo de aquellos que te rodean, y te ves en la necesidad de tener tantas estrellas como puedas para iluminar tu mundo y rejuvenecer tu vida.

Pero no se dan cuenta que su relevancia o importancia se debe a dos majestuosidades, las mismas que prevalecieron cuando el viento soplaba o cuando la marea bajaba. No se dan cuenta de su magnífico relieve para ocultar a la estrella durante el día y posarla durante la noche. No se percatan de la irrelevancia de ser una estrella cuando no tienes una luna y un sol que se den el desvelo de preservarte mientras estas brillan y oscurecen días sin ningún receso o café para aguantar la fatiga.

Algunos creen que la estrella se lleva mejor con la luna porque salen deslumbrantes a pasear durante la oscuridad, pero no saben que cuando el sol se posa tal vez la estrella se encuentre detrás jugando cartas, teniendo una de las pláticas más complicadas de todo el universo, o solo simplemente dándose abrazos calurosos mediante energía.

Empiezas a entender la magnífica compañía que debe tener una estrella para mantener su energía y armonía. Lo triste es que las tres no llegan a juntarse ni de noche ni de día, pues sigue siendo difícil navegar en las tormentas sin sus destellos de alegría.

KILOMETRAJE

Ya no es cuestión del kilometraje,
es cuestión de disfrutar el paisaje,
porque ya te acostumbraste a correr,
resistir y a veces perder,
y tal vez las circunstancias que se presenten
atenten con poderte romper,
pero debes consolidar la fe,
de que ya no te pueden vencer.

COMETA
DE VERANO

Odio el verano,
como un maldito masoquista que no corre a disfrutarlo,
casi llorando por no poder gozarlo,
odiando por no querer amarlo.

Quisiera amarlo,
pero el viento no propicia envión para volar mi cometa de verano,
así que ahora sí tengo razones para estar fastidiado:
me arrebatan la felicidad de lo único que he conservado.

Y es por ello que el sol brilla, pero a mí me limita,
por el simple hecho que no propicia y más bien me quita.

Los anhelos de niño convergieron en un baúl debajo de la cama:
se acomodaron en la mugre para no volver mañana.

Maldito itinerario de verano,
sol y viento con aromas trágicos con sabor a caramelo,
porque mientras la pupila del niño soñaba,
mi cometa no volaba.

Como si el tiempo fuese incapacitado.
Como si el sol fuese irrelevante.
Como si el cielo no fuese apto,
para volar e intentar recuperar lo sepultado y olvidado.

CARTA DE VIDA

Le propuse a la vida que me escupa mil y una sorpresas y me dijo: dame un día o si quieres un minuto.

Da igual si está soleado, nunca se descarta la probabilidad que pueda llover.

Da igual tu éxtasis de felicidad, pues desconoces cuando los dientes se te puedan caer.

Da igual que tan minuciosamente escribas tus sueños en papel, en cualquier instante se puede romper.

Da igual el camino que trases, el viento puede llegar a desviar la dirección.

Da igual que tan cruel te parezca esto, debes acostumbrarte a eso, al movimiento. Hoy estás aquí y hoy es el momento idóneo para escupirte mil cuentos diferentes para tu historia, porque del mañana nadie sabe, ni yo tampoco.

Y no sufras, porque por más miserable que te parezcan mis acciones, siempre colocaré tu corazón en donde pertenece.

Así que sigue viviendo esta historia vertiginosa llamada vida, para que luego me la cuentes en el atardecer de septiembre, con una sonrisa y lleno de alegría.
Porque cuando llegue ese día, solo habrá eso: paz y armonía.
-Vida

MUERTO
EN VIDA

Cuando empiezas a temer a la muerte, te preguntas:
¿qué propósito tiene la vida?
Empiezas a preocuparte y a regocijarte en lo que te queda.
El que tus padres y tu entorno envejezcan, te atemoriza,
pero lo peor de todo es cuando sientes estar muerto en vida.

Te frustra saber que hay más allá de la vida,
si se trata de un sueño oscuro interminable en el cual nuestra alma se posa,
o si acaso hay un Dios que nos espera con la paz anhelada.

Eso es lo peor de todo:
la sensación de tener un pensamiento ajeno
que te destruye y manipula,
que produce un frío nervioso en el tórax
señalando un corazón desgarrado y apuñalado por la ceguera.
Por falta de un "propósito".

Convirtiendo tus convicciones en delirios
y de tu cuerpo un saco de 365 kg llenos de miedo
imposibilitándote vivir,
pero dándote la apertura a morir.

Las causas del dolor no existen.
El tiempo que se nos brinda solo nos da para buscar un par de curitas
y tratar de cicatrizar una herida que desangra y consume,
¡como un muerto en vida!

EL FIN DE UNA ERA

Llegará el día donde cada flor marchitará, donde cada especie desaparecerá, y donde cada manantial de agua se secará. Llegará el momento donde el mundo se cansará, donde la tierra dejará de cosechar y donde el sol dejará de brillar.

Cuando llegue ese momento, no va a quedar nada más que escombros y tinieblas, haciendo referencia a lo que un día existió y a lo que hoy ya no está. Un mundo perfecto manejado por imperfectos, con la capacidad suficiente para destruir, en lugar de construir un mundo mejor. Una batalla sin fin, sin ningún propósito, sin ningún sentido, sin ninguna recompensa y sin ningún futuro.

Una guerra generada por el odio, por la envidia, por la avaricia, por la ignorancia y por el orgullo. Un conflicto mediocre. Una masacre a ciegas generada por imperfectos para destruir algo perfecto. Una especie de todo, menos humana, que no buscaba la perfección del mundo ni tampoco un futuro. Una especie creada, para ocasionar el fin de una era.

EL ANALFABETO Y LA POESÍA

Él era un analfabeto,
el cual desconocía la poesía,
pues no sabría su concepto,
y mucho menos la rima.

Él era un analfabeto
y el mundo su redacción en pensamiento,
con una vida sin estribillos
ni alejandrinos.

El analfabeto no conocía la poesía,
tampoco su caligrafía u ortografía,
pero su perspectiva cambiaría,
cuando el amor se presentaría.

Desde ese punto su vida resurgiría
en poesía clandestina única,
para la gente poesía no entendida,
una vida ordinaria no comprendida.

En un mundo donde la gente habla con letras.
en un mundo donde la gente se guía por la razón,
el vagabundo entendió:
que era el único en emplear el alfabeto del corazón.

UN RESPIRO

Un respiro más y muero,
pero tu recuerdo me da aliento,
porque tu amor es eso:
susurro erizante en el oído.

Que colma, pero no destruye,
que enriquece, florece,
y enfurece, sí,
porque vivo imaginando una vida
el cual no tiene punto de partida.

Y no lo tendrá
porque mi ilusión se forjó
a punta de abrazos genuinos.

No significó nada.
Modifique mi vida en dolor,
y los atardeceres de alegría,
en pupilas con sudor.

Las noches,
en veladas inconsolables,
tratando de figurar el roce de tus labios,
porque apenas alcance a percibir tu olor.

Redirigí mis ideales para adorarte,
mientras seguía perdido,
en la pocilga de tu olvido.

Quise desnudar tu alma
en tus días de llanto
para darle calor y suprimir,
la oscuridad que tus historias imponían.

¡Aquí estoy!, grita un corazón ensangrentado,
enamorado, apasionado, traicionado y trizado.
¡Estas aquí!, compartes mirada,
comparto mi vida a cambio de tu sombra.

Gracias por darme el mejor regalo de todos.
Idóneo para crecer en mi
espinas de confusión y penumbra
¡Desconsolación!

Gracias por ese abrazo,
cristalizó un sentimiento de muerte,
se convirtió en el más tierno, en el más hiriente.

Un respiro más, pero que sea eterno,
para no complacer este deseo de muerte.

EL ÁNGEL DIURNO

Descrito como reflejo del alma,
posándose en corazones
despojados y maltratados.
Cubierta por telares brillosos,
asemejándose al oro.
Bailando en atardeceres
y desparramando olores incandescentes,
nutriéndose de corazones,
a intercambio de dulzura y pasiones.

El ángel se terminaría alejando
a medida que el amanecer se manifestaba.
El pobre moribundo enamorado y desconsolado,
entendió que su brillo no era digno de refugio
para aquel ángel magnífico del mes de junio.

Primero de julio, verano despedazado.
Degollado, ofuscado y un corazón marchitado.
Expectativas ilusas quemadas en vano.
Y aquella rosa, que sostenía en la mano.

SUEÑO 27-1

Nunca soñé con tus roces y terminé estrechando tu mano.
Nunca soñé con tus latidos y terminé escuchando tu alma.
Nunca soñé con tu abrazo y terminamos bailando a oscuras
mientras conectábamos.
Mucho menos imaginé tus besos y terminé esclavo al aroma
de tu cuello.

Esclavo deleitado, momento inesperado, noche oportuna,
sentimiento nulo, corazón apaciguado, abrazo sollozador,
alma reconstruida, deseos traicionados, límites excedidos,
felicidad estremecedora, cariño proliferado e idilio pactado.

Tan ajena, tan cerca, tan mía, tan de la vida.
Tan de mis latidos, tan de mi corazón vagabundo y partido.
Tan de mis besos, tan de mi piel, tan de ti, tan de mí.
Tan de Dios, tan del amor, tan de mis motivos,
para seguir sobreviviendo con la cama vacía,
con delirios frustrados y senderos perdidos.

SUEÑO 28-1

Eres tú, la razón de mis latidos.
Eres tú, la razón de mis sueños y delirios.
Te quiero, porque eres tú,
porque transformaste la oscuridad en felicidad
y me permitiste ver con amor el dolor.

No sé cuánto sea el tiempo,
no sé cuánto nos dure la historia,
entre tanto y tanto,
solo pienso estar contigo y construir
uno de los momentos más lindos que pueda llevar conmigo.

Agarra mi mano,
no la sueltes mientras amanece,
recorramos el camino,
compartamos latidos.

Te quiero.

SI LEEN ESTO...

Quiero que sean felices, así de cliché, felices y por montones. No entienden que feo se siente estar aturdido, cansado, agobiado y frustrado, pero más que todo, confundido.

No sé qué me está pasando. He deseado por mucho tener un amigo con el que pueda compartir a libertad, sin prejuicio o limitante alguno, y en esa ardua búsqueda, encontré un bolígrafo, un papel y un par de lágrimas.

No tienen idea cuantos atardeceres he llorado por dentro. No saben cuánto he sufrido, tanto así para estar sentado en la ventana y escribiendo como un antisocial deprimido.

He estado en la deriva demasiadas veces y ni estando en el barranco de mis pensamientos, he podido reconstruirme o al menos hallar aquella estabilidad reprimida. Tengo las llaves, pero las arrojó, porque me siento enjaulado con millones de latigazos en mi espalda, con cicatrices que queman y me dan úlceras en noches oscuras.
Sean felices. La poseía es linda, es una medicina; pero, así como todo medicamento, puede tener sus efectos nocivos.

No me considero adicto a las letras puesto que no leo ningún libro que no sea mi subconciencia; pero estar en una ventana despedazado tratando de escribir para sanar, es como profanar vida en un funeral.

Y si leen esto..., gracias por compartir conmigo breves minutos, pero no me busquen, no pregunten, no lloren mis luchas, no me extrañen, porque dentro de la soledad que me ha concedido esta vida, ya estoy muerto y desde hace un buen tiempo...

Esto ya no es un libro,
esto ya no es poesía,
esto es personal
¡Este es mi dolor!
¡Esto soy YO!

Made in the USA
Columbia, SC
19 June 2025